Picture Dictionary

ENGLISH/ PORTUGUESE

More than 350 Essential Words

Dylanna Press

MEU CORPO

(meh-oo koh-poo)

My Body

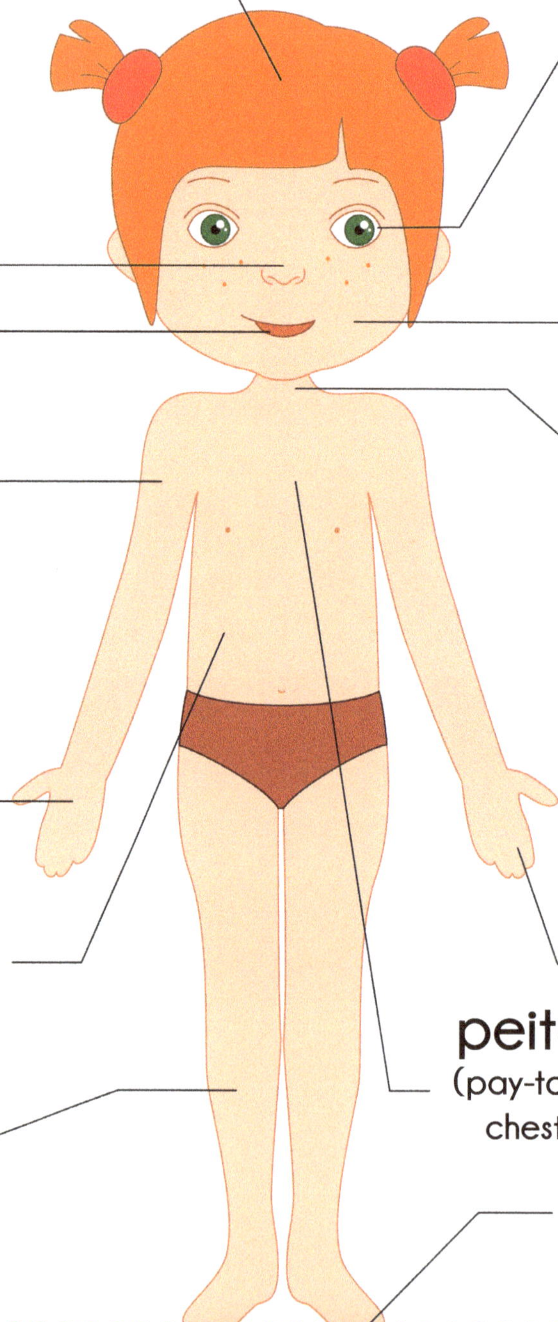

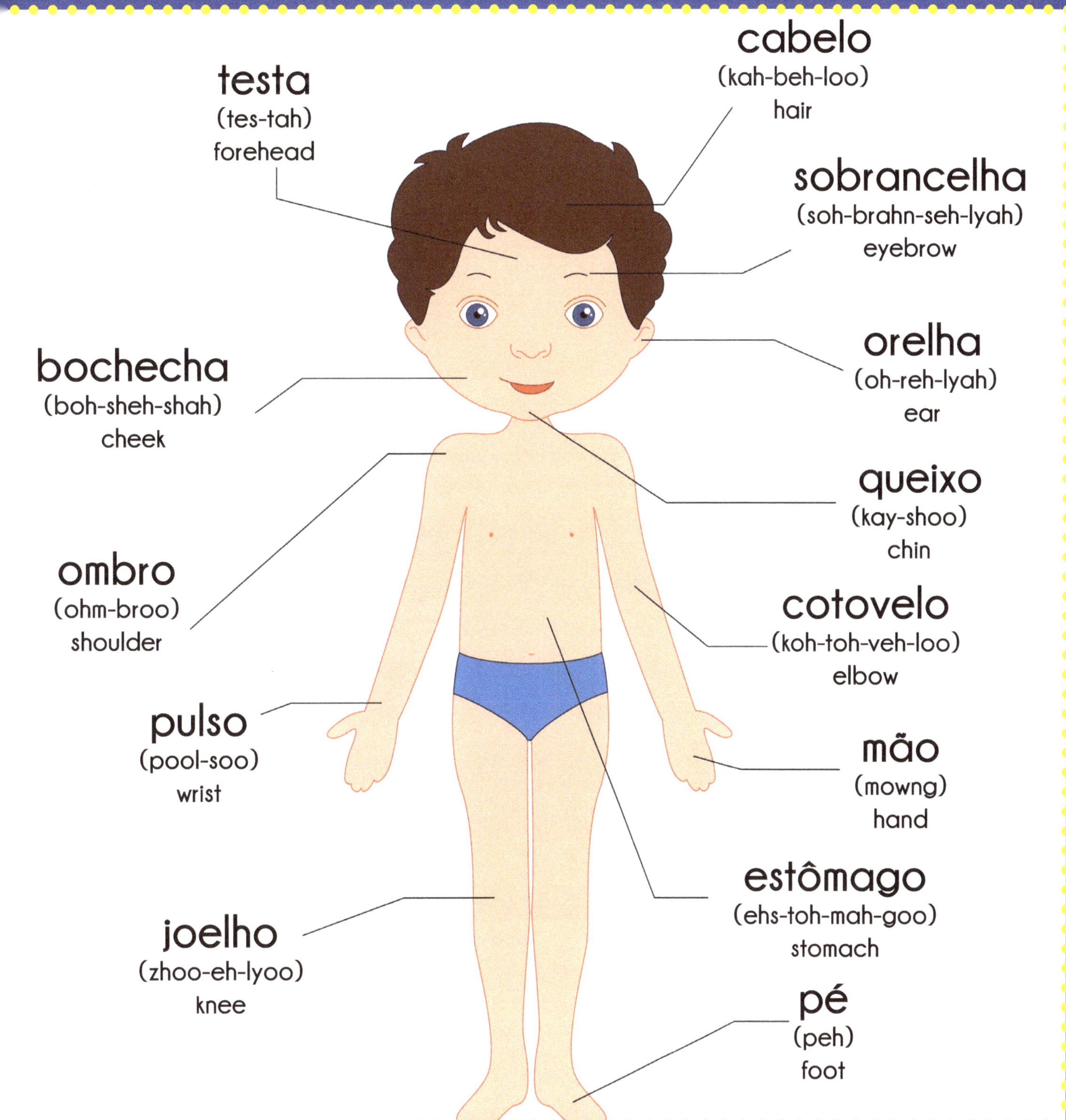

testa
(tes-tah)
forehead
cabelo
(kah-beh-loo)
hair
sobrancelha
(soh-brahn-seh-lyah)
eyebrow
bochecha
(boh-sheh-shah)
cheek
orelha
(oh-reh-lyah)
ear
queixo
(kay-shoo)
chin
ombro
(ohm-broo)
shoulder
cotovelo
(koh-toh-veh-loo)
elbow
pulso
(pool-soo)
wrist
mão
(mowng)
hand
estômago
(ehs-toh-mah-goo)
stomach
joelho
(zhoo-eh-lyoo)
knee
pé
(peh)
foot

FAMÍLIA — FAMILY

(fah-mee-lyah)

MINHA CASA
(meen-yah kah-zah)

my house

sala de estar
(sah-lah jeh es-tahr)

living room

cozinha
(koh-zin-yah)

kitchen

quarto
(kwahr-toh)

bedroom

banheiro
(bahn-yay-roo)

bathroom

escadas
(ehs-kah-dahs)

stairs

janela
(zhah-neh-lah)

window

lareira
(lah-ray-rah)

fireplace

porta
(por-tah)

door

sofá
(soh-fah)

couch

cadeira
(kah-day-rah)

chair

mesa
(meh-zah)

table

lâmpada
(lahm-pah-dah)

lamp

televisão
(teh-leh-vee-zowng)

television

cômoda
(koh-moh-dah)

dresser

escrivaninha
(ehs-kree-vah-neen-yah)

desk

estante de livros
(ehs-tahn-chee jee lee-vrohs)

bookcase

banquinho
(bahn-keen-yoo)

stool

NO QUARTO

(noh kwahr-toh)

In the bedroom

cama
(kah-mah)

bed

travesseiro
(trah-veh-say-roo)

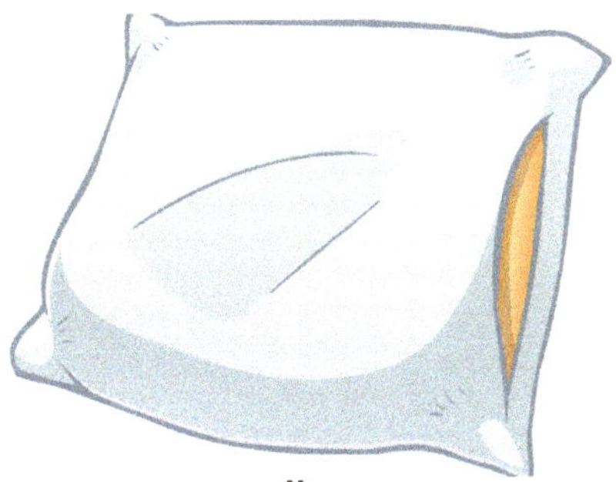

pillow

cobertor
(koh-behr-tohr)

blanket

guarda-roupa
(gwahr-dah hoh-pah)

wardrobe

relógio
(heh-loh-zhee-oh)

clock

espelho
(ehs-peh-lyoo)

mirror

COZINHA
(koh-zin-yah)

kitchen

geladeira
(zheh-lah-day-rah)

refrigerator

fogão
(foh-gowng)

stove

tigela
(tee-zheh-lah)

bowl

copo
(koh-poh)

cup

vidro
(vee-droh)

glass

tábua de cortar
(tah-boo-ah jee kor-tahr)

cutting board

faca
(fah-kah)

knife

garfo
(gahr-foo)

fork

chaleira
(shah-lay-rah)

kettle

frigideira
(free-zhee-day-rah)

pan

panela
(pah-neh-lah)

pot

prato
(prah-toh)

plate

colher
(koh-lyehr)

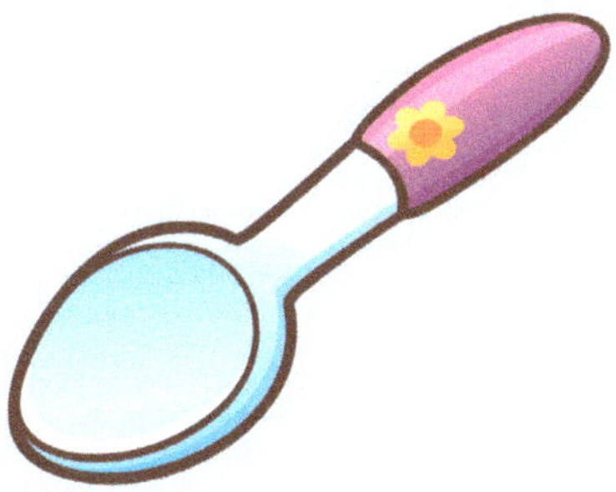

spoon

bule
(boo-leh)

teapot

batedor
(bah-teh-dohr)

whisk

lava-louças
(lah-vah-loh-sahs)

dishwasher

micro-ondas
(mee-kroh-ohn-dahs)

microwave

BANHEIRO

(bahn-yay-roo)

bathroom

banheira

(bahn-yay-rah)

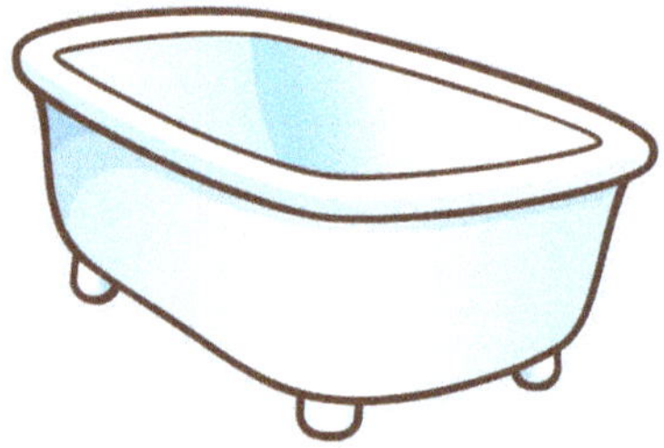

bathtub

sabão

(sah-bowng)

soap

escova

(ehs-koh-vah)

brush

bolhas

(bohl-yahs)

bubbles

pente

(pen-chee)

comb

torneira

(tohr-neh-rah)

faucet

balança

(bah-lahn-sah)

scale

xampu

(shahm-poo)

shampoo

chuveiro
(shoo-vay-roo)

shower

pia
(pee-ah)

sink

esponja
(ehs-pohn-zhah)

sponge

lenço de papel
(lehn-soo jee pah-pehl)

tissue

vaso sanitário
(vah-zoo sah-nee-tah-ryoo)

toilet

escova de dentes
(ehs-koh-vah jee den-chees)

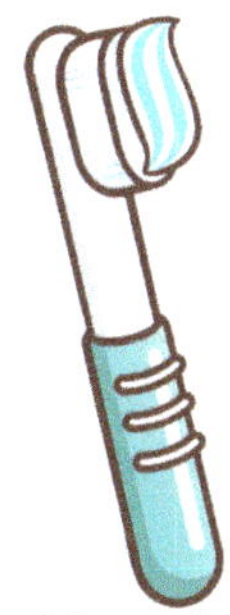

toothbrush

pasta de dentes
(pahs-tah jee den-chees)

toothpaste

toalha
(too-ah-lyah)

towel

papel higiênico
(pah-pehl ee-zhee-eh-nee-koh)

toilet paper

MINHAS ROUPAS

(meen-yahs hoh-pahs)
My Clothes

cinto
(seen-toh)

belt

maiô
(mah-ee-oh)

swimsuit

blusa
(bloo-zah)

blouse

botas
(boh-tahs)

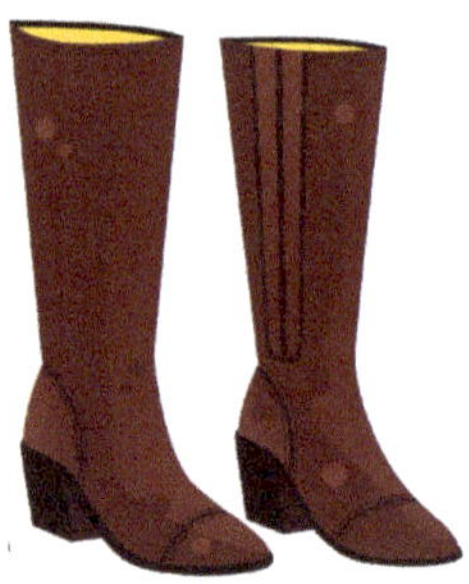

boots

casaco
(kah-zah-koh)

coat

vestido
(ves-chee-doh)

dress

luvas
(loo-vahs)

gloves

jaqueta
(zhah-keh-tah)

jacket

chapéu
(shah-peh-ooh)

hat

jeans
(zheens)

jeans

gravata
(grah-vah-tah)

necktie

calças
(kahl-sahs)

pants

macacão
(mah-kah-kowng)

overalls

bolsa
(bohl-sah)

purse

pijama
(pee-zhah-mah)

pajamas

cachecol
(kah-sheh-kohl)

scarf

roupa íntima
(hoh-pah een-chee-mah)

underwear

sapatos
(sah-pah-tos)

shoes

saia
(sah-ee-ah)

skirt

tênis
(teh-nees)

sneakers

meias
(meh-yahs)

socks

óculos de sol
(oh-koo-loos jee sohl)

sunglasses

suéter
(soo-eh-tehr)

sweater

camiseta
(kah-mee-zay-tah)

T shirt

meia-calça
(meh-yah kahl-sah)

tights

calção de banho
(kahl-sowng jee bah-nyoh)

swim trunks

moletom
(moh-leh-tohn)

sweatshirt

COMIDA

(koh-mee-dah)

Food

tomate

(toh-mah-chee)

tomato

melancia

(meh-lahn-see-ah)

watermelon

maçã

(mah-sahng)

apple

laranja

(lah-rahn-zhah)

orange

banana

(bah-nah-nah)

banana

morangos

(moh-rahn-gohs)

strawberries

limão

(lee-mowng)

lemon

pera

(peh-rah)

pear

salada
(sah-lah-dah)

salad

queijo
(kay-zhoo)

cheese

frango
(frahn-goo)

chicken

mantimentos
(mahn-chee-men-tohs)

groceries

panquecas
(pahn-keh-kahs)

pancakes

sanduíche
(san-doo-ee-sheh)

sandwich

espaguete
(ehs-pah-geh-chee)

spaghetti

torrada
(toh-hah-dah)

toast

milho
(mee-lyoo)

corn

manteiga
(mahn-tay-gah)

butter

arroz
(ah-hohz)

rice

bolo
(boh-loo)

cake

nozes
(noh-zehs)

nuts

ovo
(oh-voo)

egg

batatas
(bah-tah-tahs)

potatoes

pão
(pah-oo)

bread

batatas fritas
(bah-tah-tahs free-tahs)

chips

biscoitos
(bees-koy-tohs)

cookies

pipoca
(pee-poh-kah)

popcorn

batatas fritas
(bah-tah-tahs free-tahs)

french fries

sorvete
(sohr-veh-chee)

ice cream

cenoura
(seh-noh-rah)

carrot

pizza
(peet-sah)

pizza

brócolis
(broh-koh-lees)

broccoli

leite
(lay-chee)

milk

cebola
(seh-boh-lah)

onion

peru
(peh-roo)

turkey

ANIMAIS

(ah-nee-myce)

Animals

pássaro
(pah-sah-roo)

bird

gato
(gah-too)

cat

cachorro
(kah-shoh-hoo)

dog

pato
(pah-too)

duck

elefante
(eh-leh-fahn-chee)

elephant

raposa
(hah-poh-zah)

fox

peru
(peh-roo)

turkey

baleia
(bah-lay-yah)

whale

panda
(pahn-dah)

panda

sapo
(sah-poo)

frog

coruja
(koh-roo-zhah)

owl

coelho
(koh-eh-lyoo)

rabbit

galo
(gah-loo)

rooster

macaco
(mah-kah-coo)

monkey

leão
(lay-owng)

lion

alce
(ahl-see)

moose

esquilo
(eh-skee-loo)

squirrel

cobra
(koh-brah)

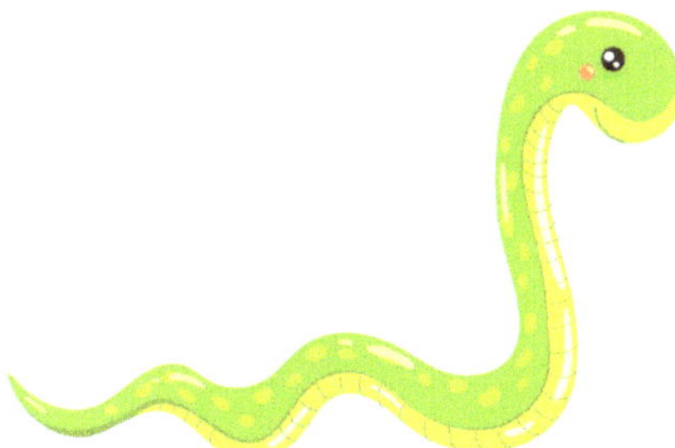

snake

camundongo
(kah-moon-dohn-goo)

mouse

galinha
(gah-leen-yah)

chicken

jacaré
(zhah-kah-reh)

alligator

urso
(oor-soo)

bear

porco
(pohr-coo)

pig

tartaruga
(tar-tah-roo-gah)

turtle

hipopótamo
(ee-po-po-tah-moo)

hippopotamus

girafa
(zhee-rah-fah)

giraffe

camelo
(kah-meh-loo)

camel

lobo
(loh-boh)

wolf

zebra
(zeh-brah)

zebra

peixe
(pay-shee)

fish

vaca
(vah-kah)

cow

ovelha
(oh-veh-lyah)

sheep

cabra
(kah-brah)

goat

cavalo
(kah-vah-loo)

horse

tigre
(chee-gree)

tiger

caracol
(kah-rah-kohl)

snail

pinguim
(ping-gween)

penguin

gorila
(goh-ree-lah)

gorilla

ESCOLA
(ehs-koh-lah)

school

ônibus escolar
(oh-nee-boos ehs-koh-lar)

school bus

professor(a)
(proh-feh-sohr/ah)

teacher

lápis de cor
(lah-pees jee koh)

crayons

cola
(koh-lah)

glue

cadernos
(kah-der-nohs)

notebooks

tinta
(cheen-tah)

paint

lápis
(lah-pees)

pencil

globo
(gloh-boo)

globe

mochila
(moh-shee-lah)

backpack

caneta
(kah-neh-tah)

pen

régua
(heh-gwah)

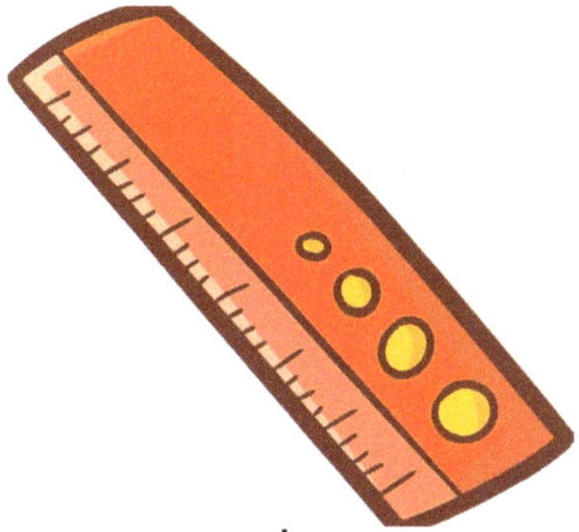

ruler

calculadora
(kahl-koo-lah-doh-rah)

calculator

tesoura
(teh-zoh-rah)

scissors

grampeador
(grahm-pee-ah-dohr)

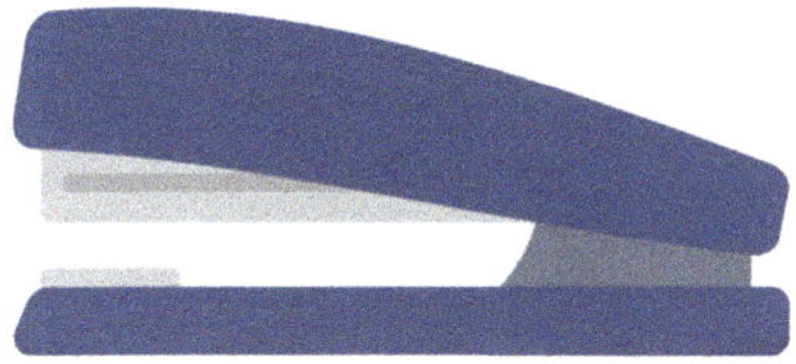

stapler

livro
(lee-vroo)

book

escrivaninha
(ehs-kree-vah-neen-yah)

desk

estudante
(ehs-too-dahn-chee)

student

CLIMA
(klee-mah)

weather

nuvem
(noo-vehng)

cloud

relâmpago
(heh-lahm-pah-goo)

lightning

chuva
(shoo-vah)

rain

neve
(neh-vee)

snow

sol
(sohl)

sun

tornado
(tohr-nah-doo)

tornado

vento
(ven-too)

wind

arco-íris
(ahr-coh ee-rees)

rainbow

AS ESTAÇÕES — THE SEASONS

inverno

(een-vehr-noo)

winter

primavera

(pree-mah-veh-rah)

spring

verão

(veh-rown)

summer

outono

(oh-too-noo)

autumn

TRANSPORTE
(trans-pohr-chee)
transportation

avião
(ah-vee-owng)

airplane

ambulância
(ahm-boo-lahn-see-ah)

ambulance

bicicleta
(bee-see-kleh-tah)

bicycle

barco
(bahr-coo)

boat

ônibus
(oh-nee-boos)

bus

carro
(kah-hoo)

car

caminhão de bombeiros
(kah-mee-nyown jee bom-bay-roos)

firetruck

helicóptero
(eh-lee-kohp-teh-roo)

helicopter

motocicleta
(moh-toh-see-kleh-tah)

motorcycle

carro de polícia
(kah-hoo jee poh-lee-see-ah)

police car

foguete
(foh-geh-chee)

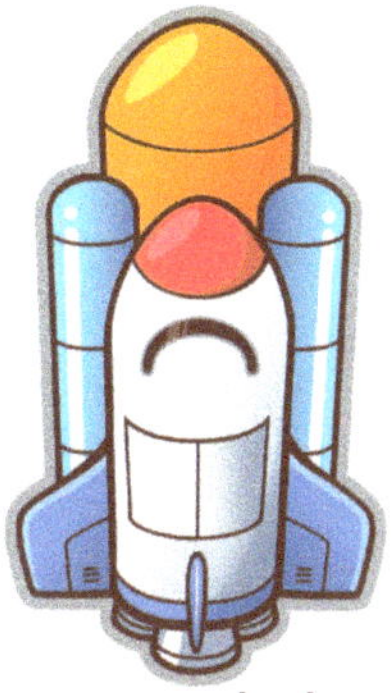

rocket

patinete
(pah-chee-neh-chee)

scooter

navio
(nah-vee-oo)

ship

submarino
(soo-bah-ree-noo)

submarine

trator
(trah-tohr)

tractor

trem
(trehng)

train

caminhão
(kah-mee-nyowng)

truck

carroça
(kah-hoh-sah)

wagon

ESPORTES — SPORTS
(ehs-pohr-chees)

luva
(loo-vah)

glove

beisebol
(bay-zhee-bohl)

baseball

basquete
(bahs-keh-chee)

basketball

skate
(skay-chee)

skateboard

raquete de tênis
(hah-keh-chee jee teh-nees)

tennis racket

apito
(ah-pee-too)

whistle

boxe
(bohk-see)

boxing

pesca
(pehs-kah)

fishing

futebol americano
(foo-chee-bohl ah-meh-ree-kah-noo)

football

golfe
(gohl-fee)

golf

patinação
(pah-chee-nah-sowng)

skating

caratê
(kah-rah-teh)

karate

futebol
(foo-chee-bohl)

soccer

vela
(veh-lah)

sailing

tênis
(teh-nees)

tennis

VERBOS DE AÇÃO

(vehr-bohs jee ah-sowng)
Action Words

engatinhar
(ehn-gah-cheen-yahr)

crawl

escalar
(ehs-kah-lahr)

climb

chorar
(shoh-rahr)

cry

beber
(beh-behr)

drink

comer
(koh-mehr)

eat

pular
(poo-lahr)

jump

rir
(heer)

laugh

ouvir
(oh-veer)

listen

ler
(lehr)

read

correr
(koh-hehr)

run

sentar
(sehn-tahr)

sit

dormir
(door-meer)

sleep

ficar de pé
(fee-kahr jee peh)

stand

falar
(fah-lahr)

talk

caminhar
(kah-mee-nyahr)

walk

sussurrar
(soo-soo-rahr)

whisper

abraçar
(ah-brah-sahr)

hug

quicar
(kee-kahr)

bounce

EMOÇÕES — EMOTIONS

(eh-moh-soyns)

com medo
(kohng meh-doo)

afraid

curioso(a)
(koo-ree-oh-zoo/ah)

curious

triste
(trees-chee)

sad

bravo(a)
(brah-voo/ah)

angry

surpreso(a)
(soor-preh-zoo/ah)

surprised

feliz
(feh-lees)

happy

OPOSTOS — OPPOSITES

(oh-pohs-tohs)

sujo(a)
(soo-zhoo/ah)

dirty

limpo(a)
(leem-poo/ah)

clean

fechado(a)
(feh-shah-doo/ah)

closed

aberto(a)
(ah-behr-too/ah)

open

frio(a)
(free-oo/ah)

cold

quente
(ken-chee)

hot

claro(a)
(klah-roo/ah)

light

escuro(a)
(ehs-koo-roo/ah)

dark

OPOSTOS — OPPOSITES

velho(a) (veh-lyoo/ah)

jovem (zhoh-ven)

pesado(a) (peh-zah-doo/ah)

leve (leh-vee)

old

young

heavy

light

barulhento(a) (bah-roo-lyen-too/ah)

quieto(a) (kee-eh-too/ah)

para baixo (pah-rah bah-ee-shoo)

para cima (pah-rah see-mah)

loud

quiet

down

up

OPOSTOS — OPPOSITES

seco(a) (seh-koo/ah) | molhado(a) (moh-lyah-doo/ah) | macio(a) (mah-see-oo/ah) | duro(a) (doo-roo/ah)

dry

wet

soft

hard

puxar (poo-shahr) | empurrar (ehm-poo-hahr) | acima (ah-see-mah) | abaixo (ah-bah-ee-shoo)

pull

push

above

below

SAUDAÇÕES — GREETINGS

olá
(oh-lah)

hello

adeus
(ah-deh-oos)

goodbye

bom dia
(bohm jee-ah)

good morning

boa noite
(boh-ah noy-chee)

good night

sim
(seeng)

yes

não
(nowng)

no

por favor
(pohr fah-vohr)

please

obrigado(a)
(oh-bree-gah-doo/ah)

thank you

DIAS DA SEMANA — DAYS OF THE WEEK

Monday — **segunda-feira** (seh-goon-dah fay-rah)

Tuesday — **terça-feira** (tehr-sah fay-rah)

Wednesday — **quarta-feira** (kwahr-tah fay-rah)

Thursday — **quinta-feira** (keen-tah fay-rah)

Friday — **sexta-feira** (sehks-tah fay-rah)

Saturday — **sábado** (sah-bah-doo)

Sunday — **domingo** (doh-meen-goo)

MESES — MONTHS

janeiro
(zhah-neh-ee-roo)

fevereiro
(feh-veh-reh-ee-roo)

março
(mahr-soo)

abril
(ah-breel)

maio
(my-oo)

junho
(zhoon-yoo)

julho
(zhoo-lyoo)

agosto
(ah-goh-stoo)

setembro
(seh-tehm-broo)

outubro
(ow-too-broo)

novembro
(noh-vehm-broo)

dezembro
(deh-zehm-broo)

FORMAS — SHAPES

(fohr-mahs)

círculo
(seer-koo-loo)

circle

losango
(loh-zahn-goo)

diamond

retângulo
(heh-tahn-goo-loo)

rectangle

quadrado
(kwah-drah-doo)

square

estrela
(ehs-treh-lah)

star

triângulo
(tree-ahn-goo-loo)

triangle

CORES — COLORS

(koh-rees)

vermelho(a)
(vehr-mel-yoo/ah)

red

azul
(ah-zool)

blue

verde
(vehr-jee)

green

laranja
(lah-rahn-zhah)

orange

rosa
(hoh-zah)

pink

roxo(a)
(hoh-shoo/ah)

purple

amarelo(a)
(ah-mah-reh-loo/ah)

yellow

branco(a)
(brahn-coo/ah)

white

preto(a)
(preh-too/ah)

black

NÚMEROS — NUMBERS
(noo-meh-roos)

um/uma
(oom/oo-mah)

dois/duas
(doys/doo-ahs)

três
(trehs)

quatro
(kwah-troo)

cinco
(seen-coo)

seis
(says)

sete
(seh-chee)

oito
(oy-too)

nove
(noh-vee)

dez
(dehs)

ALFABETO — ALPHABET

(ahl-fah-beh-too)

A a (ah)	**B** bê (beh)	**C** cê (seh)	**D** dê (deh)	**E** e (eh)	**F** efe (EH-fee)	**G** gê (zheh)	**H** agá (ah-GAH)	**I** i (ee)
J jota (ZHOH-tah)	**K** cá (kah)	**L** ele (EH-lee)	**M** eme (EH-mee)	**N** ene (EH-nee)	**O** o (oh)	**P** pê (peh)	**Q** quê (keh)	**R** erre (EH-hee)
S esse (EH-see)	**T** tê (teh)	**U** u (oo)	**V** vê (veh)	**W** dáblio (DAH-blee-oh)	**X** xis (shees)	**Y** ípsilon (EEP-see-lon)	**Z** zê (zeh)	

Portuguese-English Word List

acima	above
brócolis	broccoli
cinto	belt
geladeira	refrigerator
limpo	clean
maçã	apple
peru	turkey
quatro	four
setembro	September
xampu	shampoo
abaixo	below
aberto	open
abraçando	hugging
abril	April
adeus	goodbye
agosto	August
alce	moose
amarelo	yellow
ambulância	ambulance
animais	animals
apito	whistle
arco-íris	rainbow
arroz	rice
avião	airplane
avó	grandmother
avô	grandfather
azul	blue
balança	scale
baleia	whale
banana	banana
banheira	bathtub
banheiro	bathroom
banheiro	toilet
banquinho	stool
barco	boat
barulhento	loud
basquete	basketball
batatas	potatoes
batatas fritas	chips
batatas fritas	french fries
batedor	whisk
beisebol	baseball
biblioteca	library
bicicleta	bicycle
biolsa	purse
biscoitos	cookies
blusa	blouse
boa noite	good night
boca	mouth
bochecha	cheek
bolhas	bubbles
bolo	cake
bom dia	good morning
botas	boots
boxe	boxing
braço	arm
branco	white
bravo	angry
bule	teapot
cabeça	head
cabelo	hair
cabra	goat
cachecol	scarf

Portuguese-English Word List

cachorro	dog	**claro**	light (opposite of dark)
cadeira	chair	**clima**	weather
cadernos	notebooks	**cobertor**	blanket
calção de banho	swim trunks	**cobra**	snake
calças	pants	**coelho**	rabbit
calculadora	calculator	**cola**	glue
cama	bed	**colher**	spoon
camelo	camel	**com medo**	afraid
caminhão	truck	**comendo**	eating
caminhão de bombeiros	fire truck	**comida**	food
camisa	shirt	**cômoda**	dresser
camiseta	t-shirt	**copa**	cup
camundongo	mouse	**cores**	colors
caneta	pen	**corpo**	body
caracol	snail	**coruja**	owl
carro	car	**cotovelo**	elbow
carro de polícia	police car	**cozinha**	kitchen
carroça	wagon	**curioso**	curious
casa	house	**dedo**	finger
casaco	coat	**dedo do pé**	toe
cavalo	horse	**dez**	ten
cebola	onion	**dezembro**	December
cenoura	carrot	**diamante**	diamond
chaleira	kettle	**dois**	two
chapéu	hat	**domingo**	Sunday
chorar	cry	**dormindo**	sleeping
chuva	rain	**duro**	hard
chuveiro	shower	**elefante**	elephant
cinco	five	**em pé**	standing
círculo	circle	**emoções**	emotions
		empurrar	push
		engatinhar	crawling

Portuguese-English Word List

escadas	stairs
escalando	climbing
escola	school
escova	brush
escova de dentes	toothbrush
escrivaninha	desk
escuro	dark
espaguete	spaghetti
espelho	mirror
esponja	sponge
esportes	sports
esquilo	squirrel
estações	seasons
estante de livros	bookcase
estômago	stomach
estrela	star
estudante	student
faca	knife
falando	talking
família	family
fechado	closed
feliz	happy
fevereiro	February
fogão	stove
foguete	rocket
formas	shapes
forte	strong
frango	chicken
frigideira	pan
frio	cold
futebol	soccer
futebol americano	football
galo	rooster
garfo	fork
gato	cat
girafa	giraffe
globo	globe
golfe	golf
gorila	gorilla
grampeador	stapler
gravata	necktie
guarda-roupa	wardrobe
helicóptero	helicopter
hipopótamo	hippopotamus
inverno	winter
irmã	sister
irmão	brother
jacaré	alligator
janeiro	January
janela	window
jaqueta	jacket
jeans	jeans
joelho	knee
jovem	young
julho	July
junho	June
karatê	karate
lâmpada	lamp
lápis	pencil
lápis de cor	crayons
laranja	orange (color)
laranja	orange (fruit)
lareira	fireplace

Portuguese-English Word List

lava-louças	dishwasher	**nariz**	nose
leão	lion	**navio**	ship
leite	milk	**neve**	snow
lenço de papel	tissue	**nove**	nine
ler	read	**novembro**	November
leve	light (opposite of heavy)	**nozes**	nuts
limão	lemon	**números**	numbers
livro	book	**nuvem**	cloud
lobo	wolf	**obrigado**	thank you
luvas	gloves	**óculos de sol**	sunglasses
macacão	overalls	**oito**	eight
macaco	monkey	**olá**	hello
macio	soft	**olho**	eye
mãe	mother	**ombro**	shoulder
maio	May	**ônibus**	bus
maiô	swimsuit	**ônibus escolar**	schoolbus
manteiga	butter	**opostos**	opposites
mantimentos	groceries	**orelha**	ear
mão	hand	**outono**	autumn
março	March	**outubro**	October
meia-calça	tights	**ouvindo**	listening
meias	socks	**ovelha**	sheep
melancia	watermelon	**ovo**	egg
mesa	table	**pai**	father
micro-ondas	microwave	**panda**	panda
milho	corn	**panela**	pot
mochila	backpack	**panquecas**	pancakes
moletom	sweatshirt	**pão**	bread
molhado	wet	**papel higiênico**	toilet paper
morangos	strawberries	**para baixo**	down
motocicleta	motorcycle	**para cima**	up
não	no		

Portuguese-English Word List

pássaro	bird
pasta de dentes	toothpaste
patinação	skating
patinete	scooter
pato	duck
pé	foot
peito	chest
peixe	fish
pente	comb
pera	pear
perna	leg
pesado	heavy
pescando	fishing
pescoço	neck
pia	sink
pijama	pajamas
pinguim	penguin
pipoca	popcorn
pizza	pizza
por favor	please
porco	pig
porta	door
prato	plate
preto	black
prima	cousin (female)
primavera	spring
primo	cousin (male)
professor	teacher
pular	jump
pulso	wrist
puxar	pull
quadrado	square
quarta-feira	Wednesday
quarto	bedroom
queijo	cheese
queixo	chin
quente	hot
quicar	bounce
quieto	quiet
quinta-feira	Thursday
raposa	fox
raquete de tênis	tennis racket
régua	ruler
relâmpago	lightning
relógio	clock
retângulo	rectangle
rir	laugh
rosa	pink
rosto	face
roupa íntima	underwear
roupas	clothes
roxo	purple
sábado	Saturday
sabão	soap
saia	skirt
sala de estar	living room
salada	salad
sanduíche	sandwich
sapatos	shoes
sapo	frog
seco	dry
segunda-feira	Monday

English-Portuguese Word List

seis	six
sentar	sit
sete	seven
sexta-feira	Friday
sim	yes
skate	skateboard
sobrancelha	eyebrow
sofá	couch
sol	sun
sorvete	ice cream
submarino	submarine
suéter	sweater
sujo	dirty
surpreso	surprised
sussurrar	whisper
tábua de cortar	cutting board
tartaruga	turtle
televisão	television
tênis	sneakers
tênis	tennis
terça-feira	Tuesday
tesoura	scissors
testa	forehead
tia	aunt
tigela	bowl
tigre	tiger
tinta	paint
tio	uncle
toalha	towel
tomate	tomato
tornado	tornado
torneira	faucet
torrada	toast
transporte	transportation
trator	tractor
travesseiro	pillow
trem	train
três	three
triângulo	triangle
triste	sad
um	one
urso	bear
vaca	cow
velejar	sailing
velho	old
vento	wind
verão	summer
verde	green
vermelho	red
vestido	dress
vidro	glass
zebra	zebra

English-Portuguese Word List

above	acima	**book**	livro
afraid	com medo	**bookcase**	estante de livros
airplane	avião	**boots**	botas
alligator	jacaré	**bounce**	quicar
ambulance	ambulância	**bowl**	tigela
angry	bravo	**boxing**	boxe
animals	animais	**bread**	pão
apple	maçã	**broccoli**	brócolis
April	abril	**brother**	irmão
arm	braço	**brush**	escova
August	agosto	**bubbles**	bolhas
aunt	tia	**bus**	ônibus
autumn	outono	**butter**	manteiga
backpack	mochila	**cake**	bolo
banana	banana	**calculator**	calculadora
baseball	beisebol	**camel**	camelo
basketball	basquete	**car**	carro
bathroom	banheiro	**carrot**	cenoura
bathtub	banheira	**cat**	gato
bear	urso	**chair**	cadeira
bed	cama	**cheek**	bochecha
bedroom	quarto	**cheese**	queijo
below	abaixo	**chest**	peito
belt	cinto	**chicken**	frango
bicycle	bicicleta	**chin**	queixo
bird	pássaro	**chips**	batatas fritas
black	preto	**circle**	círculo
blanket	cobertor	**clean**	limpo
blouse	blusa	**climbing**	escalando
blue	azul	**clock**	relógio
boat	barco	**closed**	fechado
body	corpo	**clothes**	roupas

English-Portuguese Word List

cloud	nuvem
coat	casaco
cold	frio
colors	cores
comb	pente
cookies	biscoitos
corn	milho
couch	sofá
cousin (female)	prima
cousin (male)	primo
cow	vaca
crawling	engatinhar
crayons	lápis de cor
cry	chorar
cup	copa
curious	curioso
cutting board	tábua de cortar
dark	escuro
December	dezembro
desk	escrivaninha
diamond	diamante
dirty	sujo
dishwasher	lava-louças
dog	cachorro
door	porta
down	para baixo
dress	vestido
dresser	cômoda
dry	seco
duck	pato
ear	orelha
eating	comendo
egg	ovo
eight	oito
elbow	cotovelo
elephant	elefante
emotions	emoções
eye	olho
eyebrow	sobrancelha
face	rosto
family	família
father	pai
faucet	torneira
February	fevereiro
finger	dedo
fire truck	caminhão de bombeiros
fireplace	lareira
fish	peixe
fishing	pescando
five	cinco
food	comida
foot	pé
football	futebol americano
forehead	testa
fork	garfo
four	quatro
fox	raposa
french fries	batatas fritas
Friday	sexta-feira
frog	sapo
giraffe	girafa
glass	vidro

English-Portuguese Word List

globe	globo
gloves	luvas
glue	cola
goat	cabra
golf	golfe
good morning	bom dia
good night	boa noite
goodbye	adeus
gorilla	gorila
grandfather	avô
grandmother	avó
green	verde
groceries	mantimentos
hair	cabelo
hand	mão
happy	feliz
hard	duro
hat	chapéu
head	cabeça
heavy	pesado
helicopter	helicóptero
hello	olá
hippopotamus	hipopótamo
horse	cavalo
hot	quente
house	casa
hugging	abraçando
ice cream	sorvete
jacket	jaqueta
January	janeiro
jeans	jeans
July	julho
jump	pular
June	junho
karate	karatê
kettle	chaleira
kitchen	cozinha
knee	joelho
knife	faca
lamp	lâmpada
laugh	rir
leg	perna
lemon	limão
library	biblioteca
light (opposite of dark)	claro
light (opposite of heavy)	leve
lightning	relâmpago
lion	leão
listening	ouvindo
living room	sala de estar
loud	barulhento
March	março
May	maio
microwave	micro-ondas
milk	leite
mirror	espelho
Monday	segunda-feira
monkey	macaco
moose	alce
mother	mãe
motorcycle	motocicleta
mouse	camundongo
mouth	boca

English-Portuguese Word List

English	Portuguese
neck	pescoço
necktie	gravata
nine	nove
no	não
nose	nariz
notebooks	cadernos
November	novembro
numbers	números
nuts	nozes
October	outubro
old	velho
one	um
onion	cebola
open	aberto
opposites	opostos
orange (color)	laranja
orange (fruit)	laranja
overalls	macacão
owl	coruja
paint	tinta
pajamas	pijama
pan	frigideira
pancakes	panquecas
panda	panda
pants	calças
pear	pera
pen	caneta
pencil	lápis
penguin	pinguim
pig	porco
pillow	travesseiro
pink	rosa
pizza	pizza
plate	prato
please	por favor
police car	carro de polícia
popcorn	pipoca
pot	panela
potatoes	batatas
pull	puxar
purple	roxo
purse	bolsa
push	empurrar
quiet	quieto
rabbit	coelho
rain	chuva
rainbow	arco-íris
read	ler
rectangle	retângulo
red	vermelho
refrigerator	geladeira
rice	arroz
rocket	foguete
rooster	galo
ruler	régua
sad	triste
sailing	velejar
salad	salada
sandwich	sanduíche
Saturday	sábado
scale	balança
scarf	cachecol
school	escola

English-Portuguese Word List

schoolbus	önibus escolar	**sponge**	esponja
scissors	tesoura	**sports**	esportes
scooter	patinete	**spring**	primavera
seasons	estações	**square**	quadrado
September	setembro	**squirrel**	esquilo
seven	sete	**stairs**	escadas
shampoo	xampu	**standing**	em pé
shapes	formas	**stapler**	grampeador
sheep	ovelha	**star**	estrela
ship	navio	**stomach**	estômago
shirt	camisa	**stool**	banquinho
shoes	sapatos	**stove**	fogão
shoulder	ombro	**strawberries**	morangos
shower	chuveiro	**strong**	forte
sink	pia	**student**	estudante
sister	irmã	**submarine**	submarino
sit	sentar	**summer**	verão
six	seis	**sun**	sol
skateboard	skate	**Sunday**	domingo
skating	patinação	**sunglasses**	óculos de sol
skirt	saia	**surprised**	surpreso
sleeping	dormindo	**sweater**	suéter
snail	caracol	**sweatshirt**	moletom
snake	cobra	**swim trunks**	calção de banho
sneakers	tênis	**swimsuit**	maiô
snow	neve	**table**	mesa
soap	sabão	**talking**	falando
soccer	futebol	**teacher**	professor
socks	meias	**teapot**	bule
soft	macio	**television**	televisão
spaghetti	espaguete	**ten**	dez
spoon	colher		

English-Portuguese Word List

tennis	tênis
tennis racket	raquete de tênis
thank you	obrigado
three	três
Thursday	quinta-feira
tiger	tigre
tights	meia-calça
tissue	lenço de papel
toast	torrada
toe	dedo do pé
toilet	banheiro
toilet paper	papel higiênico
tomato	tomate
toothbrush	escova de dentes
toothpaste	pasta de dentes
tornado	tornado
towel	toalha
tractor	trator
train	trem
transportation	transporte
triangle	triângulo
truck	caminhão
t-shirt	camiseta
Tuesday	terça-feira
turkey	peru
turtle	tartaruga
two	dois
uncle	tio
underwear	roupa íntima
up	para cima
wagon	carroça
wardrobe	guarda-roupa
watermelon	melancia
weather	clima
Wednesday	quarta-feira
wet	molhado
whale	baleia
whisk	batedor
whisper	sussurrar
whistle	apito
white	branco
wind	vento
window	janela
winter	inverno
wolf	lobo
wrist	pulso
yellow	amarelo
yes	sim
young	jovem
zebra	zebra

Published by Dylanna Publishing, Inc.

Editor: Julie Grady

ISBN: 978-1-64790-494-4 (paperback)
ISBN: 978-1-64790-495-1 (hardcover)

www.ingramcontent.com/pod-product-compliance
Ingram Content Group UK Ltd.
Pitfield, Milton Keynes, MK11 3LW, UK
UKHW060119010826
14089UKWH00005B/64

9 781647 904968